LA DIGITAL
PUBLICATIONS

LA Digital Publications presents *Ukrainian I: Reading and Vocabulary Practicum* for children.

WHAT IS THIS PROGRAM ABOUT? This is volume I of the first structured reading program in Ukrainian spanning across 87 levels of progressive complexity. *Ukrainian I* is the **beginner** volume of the program comprising first 30 levels called "modules." Each module consists of a text accompanied by multi-leveled questions targeting comprehension as well as word-study and vocabulary. Your children will read short relatable stories about animals, family, adventures and will also get introduced to factual information about history and culture around the world.

HOW DOES THIS PROGRAM WORK? The program is based on a readability formula developed specifically for the Ukrainian language. Each volume begins with simpler texts and shorter sentences as well as easier high frequency words. The texts become increasingly more complex, with new vocabulary and syntax structures gradually being added.

WHO IS THIS VOLUME FOR? This beginner-level set of 30 modules is perfect for kids who can read basic Ukrainian, but wish to develop their reading, comprehension, and vocabulary skills.

WHAT WILL YOUR CHILD LEARN BY COMPLETING VOLUME I? By the end of Part 3 of this volume, children will recognize a larger number of easy high-frequency words; they will also start getting used to longer two-clause sentences with prepositional phrases, adjectives and dialogue. Content-wise, this volume starts off with simple factual stories, animal fantasy or realistic fiction. We then gradually introduce history and culture topics.

RECOMMENDED METHOD OF READING: We recommend that your child cover a module a day, 3 to 5 times a week, for 20 minutes daily. Depending on your child's confidence in reading, a parent's or tutor's help may be necessary. The overall goal though is that your child will gradually start completing each module independently. By the end of this 6-week course, your child will grow to become a more confident and independent reader.

This is volume I of III in the series of Ukrainian reading and vocabulary practicums. Upon completion of volume I, your child should be ready to proceed to volume II and further expand their reading and comprehension skills.

Рівень 1

Модуль 1.1

Мишки кішку не цікавили! А в будинку мешкали дві мишки. Одна підбирала крихти з підлоги. Потім вона несла їх у свою нірку. Друга мишка була спритнішою. Вона цупила печиво прямо зі столу. А ще вона цупила корм із котячої тарілки! Кішці було байдуже. Кішка любила ловити мух. А мишки так спокійно і бігали навколо неї.

1. Про що йдеться у тексті?

- Кішки та миші ніколи не зможуть ужитися разом.
- Кішка не звертає увагу на мишок, тож ті спокійно займаються своїми справами.

2. Що цікавить кішку?

- спостерігати за мишками
- ловити мух

3. Чому кішчину поведінку можна назвати дивною? Оберіть усі підхожі відповіді.

- Кішка не звертає увагу на мишей.
- Кішку не цікавлять мухи.
- Кішці байдуже, що мишка краде її корм.

4. Чому друга мишка спритніша, ніж перша?

- Кішка не звертає увагу на мишей.
- Перша мишка не може її наздогнати.
- Спритна мишка дістає їжу прямо зі столу або тарілки кішки.

5. Який варіант найкраще відповідає значенню слова «спритнішою» у реченні «Друга мишка була **спритнішою**»?

- Друга мишка була прудкішою.
- Друга мишка була шумнішою.

6. Який варіант **протилежний** за значенням до слова «**спокійно**» у реченні «А мишки так **спокійно** і бігали навколо неї»?

- тихо
- енергійно

7. Вставте пропущені слова.

цупив   цікавили   спокійно

- Собаку не ________ папуги в клітці.
- Спритний кіт часто ________ сосиски зі столу.
- Нетерплячі діти не могли ________ всидіти на місці.

Модуль 1.2

Стара вівчарка Ліза щодня пасе овець. Ліза так працює вже вісім років. Вранці Ліза разом з іншими вівчарками виводить овець із загону. Ліза дуже багато бігає навколо овець. Вона збирає їх у череду. Потім собака скеровує овець на луг. Отара величезна. Але Ліза не дозволяє жодній вівці загубитися. Вдень вівці на лузі скубуть траву. Ліза тим часом відпочиває у тіні. Увечері вона гнатиме овець назад до кошари.

1. Про що йдеться у тексті?

- • Вівчарка Ліза багато працює.
- • Вівчарці Лізі набридло пасти овець.

2. Яке основне завдання Лізи?

- • Навчити овець скубти траву.
- • Водити овець на луг і назад.

3. Як Ліза відновлює сили після того, як бігає весь ранок?

- • Ліза відпочиває у тіні, поки вівці скубуть травку на лузі.
- • Ліза з'їдає багато корму.

4. Чому робота вівчарок дивовижна?

- • Вівчарки бігають цілий день.
- • Вівчарки вміють керувати величезною отарою.

5.   Який варіант найкраще відповідає значенню слова «луг» у реченні «Потім собаки скеровують овець на **луг**»?

- Потім собаки скеровують овець на пасовисько.
- Потім собаки скеровують овець до саду.

6.   Який варіант є протилежним за значенням до фрази «**у тіні**» у реченні «Ліза тим часом відпочиває **у тіні**»?

- у прохолоді
- на сонці

7.   Вставте пропущені слова.

Увечері   скубуть   гнати

- Вирішено було _________ коней до річки.
- Вранці гуси _________ траву біля хати.
- _________ перед сном ми читаємо книжки.

Модуль 1.3

Чіп любив хлюпатися в калюжах. А от купатися він просто ненавидів. Чіп був невеликим кучерявим пуделем. Він обожнював гуляти і на прогулянці часто замурзувався багнюкою. Тоді Чіпа купали. Перед купанням Чіп щоразу ховався під ліжком. Але господар його діставав і садив у ванну. Чіп обурювався, гавкав і пчихав. Після купання Чіп ретельно струшував із себе воду на господаря. А взагалі Чіп із господарем товаришував.

1.   Про що йдеться у тексті?

- Чіпа було важко змусити купатися.

- Чіп не любив мочити лапи в калюжах.

2. Чому потрібно було купати Чіпа?

- Чіп часто замурзувався багнюкою на прогулянках.
- У Чіповій шерсті заплутувалось листя.

3. Якої породи був Чіп?

- Чіп був дворняжкою.
- Чіп був пуделем.

4. Як Чіп висловлював своє незадоволення після купання?

- Він починав кусатися.
- Він обурювався, гавкав і пчихав.

5. Який варіант найкраще відповідає значенню слова «ретельно» у реченні «Після купання Чіп **ретельно** струшував із себе воду на господаря»?

- Після купання Чіп старанно струшував із себе воду на господаря.
- Після купання Чіп злобливо струшував із себе воду на господаря.

6. Який варіант **протилежний** за значенням до слова **«товаришував»** у реченні «А взагалі Чіп із господарем товаришував»?

- ладнав
- сварився

7. Вставте пропущені слова.

ретельно   замурзалася   кучеряве

- Дитина вся ________ в шоколаді.
- У моєї сестри ________ волосся.
- Я ________ склав свій одяг у валізу.

Модуль 1.4

Кіт Васько боявся води, як вогню. Навіть коли він пив воду з миски, то робив це дуже обережно. Васько жодного разу у своєму житті не плавав. Проте він був переконаний, що вода для котів шкідлива і навіть небезпечна. Боятися води Васько почав ще тоді, коли був малим кошеням.

Якось Васько ганявся вдома за сонячними зайчиками. Він ненароком потрапив передньою лапою в миску з водою. З лапою нічого не сталося. Васька це дуже здивувало. Він почав іноді мочити свої лапки у воді, особливо в спеку. Але загалом до води Васько й надалі ставився з насторогою.

1. Про що йдеться у тексті?

- Кіт Васько зрозумів, що вода не така страшна для котів, як він раніше думав.
- Кіт Васько полюбив воду і почав приймати ванни.

2. З якого моменту кіт Васько почав боятися води?

- Після того, як його викупали.
- З того часу, коли був малим кошеням.

3. Як кіт Васько потрапив лапами в миску з водою?   7

- Він ганявся за сонячними зайчиками і випадково потрапив лапою прямо в миску з водою.
- Він наважився поплескатися у воді.

4. Як кіт Васько зрозумів, що вода не така вже й страшна для котів?

- Він випадково потрапив лапами в миску з водою, і нічого страшного не сталося.
- Бо він міг спокійно пити воду з миски.

5. Який варіант найкраще відповідає значенню фрази «з насторогою» у реченні «Але загалом до води Васько й надалі ставився **з насторогою**»?

- Але загалом до води Васько й надалі ставився дбайливо.
- Але загалом до води Васько й надалі ставився з побоюванням.

6. Який варіант **протилежний** за значенням до слова «**ненароком**» у реченні «Він **ненароком** потрапив передньою лапою в миску з водою»?

- з необережності
- навмисне

7. Вставте пропущені слова.

ненароком   з насторогою   здивувала

- Собака _________ прислухався до незрозумілих звуків за дверима.

- Діти ________ пролили молоко на підлогу.
- Перехожого ________ незвичайна машина.

Модуль 1.5

Дейву виповнилося тридцять два роки. За кінськими мірками це пенсійний вік. Проте Дейв продовжує працювати. Давним-давно Дейв був конем для виїздки. Він навіть брав участь у багатьох турнірах. Вже багато років Дейв працює з маленькими дітьми та допомагає їм вчитися їздити верхи. Щодня Дейв проводить довгі години на манежі. Наприкінці занять діти пригощають Дейва улюбленими ласощами — морквиною або шматочками яблука.

1. Про що йдеться у тексті?

    - Кінь Дейв більше не хоче працювати.
    - Кінь Дейв працює все своє життя.

2. Ким працював Дейв у молодості?

    - Дейв працював конем для виїздки.
    - Дейв брав участь у перегонах.

3. Ким працює Дейв зараз?

    - Він працює у цирку.
    - Він навчає дітей їздити верхи.

4. Чим Дейв любить поласувати?
    - морквою та яблуком
    - сіном

5.   Який варіант найкраще відповідає значенню слова «пенсійний» у реченні «За кінськими мірками це **пенсійний** вік»?

- За кінськими мірками це молодий вік.
- За кінськими мірками це літній вік.

6.   Який варіант **протилежний** за значенням до виразу «**давним-давно**» у реченні «**Давним-давно** Дейв був конем для виїздки»?

- нещодавно
- багато років тому

7.   Вставте пропущені слова.

пенсійному   турнірі   допомагав

- Вже у третьому класі Софійка брала участь у ________ з гольфу.
- Батько неодноразово ________ синові з географією.
- Дідусь і у ________ віці продовжує   працювати.

Модуль 1.6

Щороку лабрадора Кузьму відвозять до ветеринара. Кузьма не любить ці поїздки. Самого ветеринара Кузьма вважає своїм добрим приятелем. Ветеринар веселий і вміє добре почухати за вушком. А от працівники у ветеринара не такі приязні. Вони роблять Кузьмі неприємні уколи. Але найприкріше — це нахабний кіт, який живе в клініці. Кіт завжди сидить на стійці біля комп'ютера і зверху вниз поглядає на Кузьму. Кузьма показує коту зуби і гарчить на нього. Але Кузьму за це лають.

1. Про що йдеться у тексті?

- Кузьма обожнює, коли його ведуть до ветеринара.
- У походах Кузьми до ветеринара є неприємні моменти.

2. Чому Кузьма недолюблює помічників ветеринара?

- Вони роблять йому уколи.
- Вони пахнуть кішками.

3. Як Кузьма ставиться до ветеринара?

- Вони з ним приятелюють.
- Кузьмі хочеться показати ветеринару зуби.

4. Що станеться, якщо Кузьма гарчатиме на кота?

- Кіт сичатиме на Кузьму.
- Кузьму лаятимуть.

5.   Який варіант найкраще відповідає значенню слова «приятель» у реченні «Самого ветеринара Кузьма вважає своїм добрим **приятелем**»?

- Самого ветеринара Кузьма вважає своїм добрим другом.
- Самого ветеринара Кузьма вважає добрим лікарем.

6.   Який варіант **протилежний** за значенням до слова «приязні» у реченні «А от працівники у ветеринара не такі **приязні**»?

- агресивні
- доброзичливі

7.   Вставте пропущені слова.

    лаяти   нахабно   образливих

- Хлопчик Юрко розлютився, але не сказав бабусі _________ слів.
- Мама вважала, що _________ дітей не можна.
- Маленький хлопчик поводився _________ і зламав усі мої іграшки!

Модуль 1.7

Кішка Аліса обожнює рибні консерви. Зазвичай Алісі дають корм для кішок. Але кілька разів на тиждень Аліса ласує рибою в томатному соусі з пласкої консервної бляшанки.

Ще у Аліси вдома є невеличкий акваріум. В акваріумі живуть різні маленькі сріблясті й смугасті рибки. Аліса часто сидить біля акваріума та спостерігає за рибками. Іноді Аліса намагається відсунути кришку акваріума. Аліса так і прагне виловити смугастих рибок.

«Якщо рибки в консервах такі смачні, то свіжі рибки з акваріума повинні бути ще смачнішими», — думає Аліса. Але чомусь господарі відганяють Алісу від акваріума і не дають їй порибалити.

1.   Про що йдеться у тексті?

- Кішці Алісі не давали їсти рибу.
- Кішка Аліса любила рибні консерви та мріяла виловити рибок з акваріума.

2.   Чим зазвичай харчується Аліса?

- кормом для кішок
- рибками з акваріума

3.   Чому Алісі не вдається виловити рибок з акваріума?

- Рибки ховаються від Аліси у водоростях.
- У неї не виходить відсунути кришку акваріума.

4.   Чому Аліса вирішила, що їй сподобаються рибки з акваріума?

- •   Тому що рибки були смугасті.
- •   Тому що консервована риба була дуже смачною.

5.   Який варіант найкраще відповідає значенню слова «спостерігає» у реченні «Аліса часто сидить біля акваріума та **спостерігає** за рибками»?

- •   Аліса часто сидить біля акваріума та стежить за рибками.
- •   Аліса часто сидить біля акваріума та полює на рибок.

6.   Який варіант **протилежний** за значенням до слова **«обожнює»** у реченні «Кішка Аліса **обожнює** рибні консерви»?

- •   любить
- •   терпіти не може

7.   Вставте пропущені слова.

обожнює   поласувало   порибалити

- •   На прогулянці ведмежа _________ ягодами.
- •   Влітку хлопцям щастить _________ на річці.
- •   Мій тато просто _________ морозиво.

Модуль 1.8

Рибка Рита оселилася в акваріумі зовсім недавно. Спочатку жителі акваріума розпливались від неї в усі боки. Рита не розуміла, чому її бояться. Але згодом до неї звикли. Рита потоваришувала з рибками.

Якось в акваріум поселили нову рибку. Друзі Рити відразу поховалися хто куди. А Рита попливла вітатися з новою рибкою. Проте нова рибка замість вітання цапнула Риту за плавник. Рита поспіхом попливла і сховалася від кусливої рибки у водоростях. На щастя, нову рибку з акваріума незабаром прибрали, а Рита навчилася бути обережною.

1. Про що йдеться у тексті?

    • Рибка Рита не змогла знайти собі друзів.
    • Рибка Рита навчилася бути обережною.

2. Як Риту перестали боятися інші рибки?

    • Згодом вони до неї звикли.
    • Вона допомагала їм добувати їжу.

3. Чому Рита попливла вітатись з новою рибкою?

    • Рита хотіла з'їсти нову рибку.
    • Рита не очікувала, що нова рибка на неї нападе.

4. Як Рита зуміла врятуватися від нової рибки?

    • Рита поспіхом відпливла від неї і сховалась у водоростях.
    • Рита сама покусала нову рибку.

5.   Який варіант найкраще відповідає значенню слова «цапнула» у реченні «Проте нова рибка замість вітання **цапнула** Риту за плавник»?

- Проте нова рибка замість вітання вкусила Риту за плавник.
- Проте нова рибка замість вітання залоскотала Риту за плавник.

6.   Який варіант **протилежний** за значенням до слова «**поселили**» у реченні «Якось в акваріум **поселили** нову рибку»?

- додали
- прибрали

7.   Вставте пропущені слова.

обережними   вітання   вітатися

- Вранці вихователька навчала дітей _________ один з одним.
- Собака замість _________ чомусь нагавкав на гостя.
- Брат із сестрою намагалися бути _________ під час катання парком на велосипедах.

Модуль 1.9

На фермі корова дружила зі свинею. Але друзі часто сварилися. Вони прагнули більше спілкуватись. Але через свої справи їм рідко вдавалося зустрітися. Тому корова хотіла привчити свиню їсти разом із нею сіно. А свиня мріяла змусити корову валятись у калюжі. Друзі не могли домовитись і починали сперечатися. Корова голосно мукала, свиня пронизливо верещала. Курці набрид увесь цей галас.

«І чого ж тут сперечатися», — сказала вона, а потім запропонувала. — Нехай корова їсть сіно поруч із калюжею, де свиня прохолоджується». Так і вчинили. «А тепер ви разом можете продовжувати займатися кожна своєю справою», — прокудкудакала курка. Суперечок більше не виникало.

1.   Про що йдеться у тексті?

   •   Курка посварила корову зі свинею.
   •   Курка вирішила суперечку між коровою та свинею.

2.   До чого корова хотіла привчити свиню?

   •   мукати
   •   їсти сіно

3.   Чому свиня хотіла навчити корову?

   •   валятися в калюжі
   •   їсти жолуді

4. Як курці вдалося вирішити суперечку між коровою та свинею?

- Вона запропонувала їм займатися своїми улюбленими справами поряд.
- Вона запропонувала їм припинити спілкуватися.

5. Який варіант найкраще відповідає значенню слова «верещала» у реченні «Корова голосно мукала, свиня пронизливо **верещала**»?

- Корова голосно мукала, свиня пронизливо волала.
- Корова голосно мукала, свиня пронизливо тремтіла.

6. Який варіант **протилежний** за значенням до слова «**продовжувати**» у реченні «А тепер ви разом можете **продовжувати** займатися кожна своєю справою»?

- і далі
- припинити

7. Вставте пропущені слова.

мріяла   заверещали   сварилися

- Іноді брат із сестрою _________, але потім дуже швидко мирилися.
- Моя подруга _________ відвідати парк розваг.
- Діти _________ від щастя, коли побачили подарунки.

Модуль 1.10

Папузі Борі часто бувало нудно. Тоді він починав свистіти, як дверний дзвінок. Хазяйка Катря бігла відчиняти двері, але за ними нікого не було. Потім Боря свистів, як Катрин мобільний телефон. Катря брала в руки телефон і розуміла, що Боря знову пожартував. Тоді вона відкривала Борину клітку і дозволяла Борі вдосталь налітатись кімнатою. Боря любив ходити по підвіконню та письмовому столу. Якщо Катря читала, Боря сідав на її книжку. «Борюня хороший», — говорила Катря. «Боррррюня хоррррроший», — повторював Боря.

1. Про що йдеться у тексті?

    •   Папуга Боря вміє боротися із нудьгою.
    •   Господарка папуги Борі не знає, як його розвеселити.

2. Як Боря дає зрозуміти своїй господарці, що хоче політати поза кліткою?

    •   Він просить людським голосом, щоб вона його випустила.
    •   Він починає з неї кепкувати.

3. Чому Боря сідає на Катрину книжку, коли та читає?

    •   Він хоче, щоб Катря сказала йому щось лагідне.
    •   Він хоче почитати разом із нею.

4. Які Боря мав незвичні здібності?

- Він умів читати.
- Він умів точно копіювати різні звуки, наприклад, мелодію телефону або дзвінка.

5. Який варіант найкраще відповідає значенню слова «вдосталь» у реченні «Тоді вона відкривала Борину клітку і дозволяла Борі **вдосталь** налітатись кімнатою»?

- Тоді вона відкривала Борину клітку і дозволяла Борі достатньо налітатись кімнатою.
- Тоді вона відкривала Борину клітку і дозволяла Борі трохи налітатись кімнатою.

6. Який варіант **протилежний** за значенням до слова «**нудно**» у реченні «Папузі Борі часто бувало **нудно**»?

- сумно
- весело

7. Вставте пропущені слова.

свистіти   жартував   вдосталь

- Після довгої прогулянки псові дали ________ напитися води.
- Наш дідусь ________ так, що всі довго сміялися.
- Усе дитинство Валерія мріяла навчитися.

Рівень 2

Модуль 2.1

На день народження Марійці подарували маленького білого котика. Вона назвала його Пушком. Марійка мріяла покатати котика у візку для ляльок. Але Пушку у візку не сиділося. Він постійно з нього вистрибував. Цілий день Марійка садила котика в коляску. Пушок одразу з нього вистрибував.

Перед сном Марійці було сумно. Їй було прикро, що вона так і не навчила Пушка сидіти у візку. Вранці Марійка знайшла Пушка, який спокійно в ньому спав! Котик не дозволяв, щоб Марійка садила його у візок. Але з того часу щоночі сам залазив до нього спати.

1. Про що йдеться у тексті?

   - Кошеня Пушок не спить ночами.
   - Марійка привчила кошеня спати у візку.

2. Звідки у Марійки з'явилося кошеня Пушок?

   - Марійці подарували Пушка на Різдво.
   - Марійці подарували Пушка на день народження.

3. До чого Марійка хотіла привчити Пушка?

   - Щоб Пушок сидів у візку для ляльок.
   - Щоб Пушок стрибав на обідній стіл.

4. Чому Марійці було сумно перед сном.

   - Марійка шкодувала, що Пушок не грався з нею ляльками.

- Марійці було прикро, що вона так і не навчила Пушка сидіти у візку.

5. Чим можна замінити фразу «не дозволяв» у реченні «Котик **не дозволяв**, щоб Марійка садила його у візок»?

- пускав
- забороняв

6. Який варіант **протилежний** за значенням до слова «**спокійно**» у реченні «Вранці Марійка знайшла Пушка, який **спокійно** спав у візку»?

- тихо
- тривожно

7. Вставте пропущені слова.

спокійно   постійно   вистрибнув

- Пудель __________ гарчав на папугу.
- Діти _________ грали на майданчику, поки не прийшов жахливий сусідський хлопчисько.
- Несподівано з коробки _________ клоун на пружині.

Модуль 2.2

Мишко і дідусь вирішили зварити рисовий суп із овочами. Справа дійшла до того, щоб суп посолити.

«Додай щіпку солі», — попросив дідусь.

«Щіпку? — спитав Мишко. — Схоже на слово «щипати»! Вчора сусідський хлопчисько так боляче мене вщипнув!»

Тоді Мишко запустив руку в коробку з сіллю і кинув цілий кулачок солі просто в каструлю. Дідусь не встиг нічого зробити.

«Я ж сказав щіпку солі, а ти цілий кулак кинув! — сказав дідусь. — Щіпка — це коли береш щось трьома пальчиками; це зовсім трохи». Дідусь показав Мишкові щіпку солі.

Мишко скуштував суп. Їсти його було неможливо! Дідусеві стало шкода Мишка, адже той так старався. Тоді дідусь налив суп у тарілку й почав його їсти. Дідусь і виду не подав, що суп пересолений. Мишко підбадьорився.

«Наступного разу правильно посолю, — пообіцяв Мишко. — Я тепер запам'ятав: щіпка — це коли не боляче щипаєш».

1. Про що йдеться у тексті?

- Про те, за що дідусь посварив Мишка.
- Про те, як Мишко зрозумів, що таке «щіпка».

2. Чому Мишко пересолив суп?

- Він подумав, що щіпка — це багато солі.
- Він любив пересолену їжу.

3. Чому дідусь почав їсти пересолений суп?

- Йому було шкода викидати суп.
- Він не хотів засмучувати Мишка.

4. Що таке щіпка?

- Це коли береш щось сипке трьома пальцями.
- Це сила, з якої щипаєш.

5. Чим можна замінити слово **«щіпка»**?

- жменька
- ущипнути

6. Який варіант **протилежний** за значенням до слова «підбадьорився» у реченні «Мишко **підбадьорився**»?

- зрадів
- засмутився

7. Вставте пропущені слова.

подбадьорилась   старався   виду не подала

- Слава говорив тихо і _________ не   розбудити дідуся.
- Зіна і _________, що їй було прикро.
- Дівчинка заплакала, але швидко _________, коли їй дали кошеня.

Модуль 2.3

На дачі у дворі виросли високі бур'яни. Мама й тато збиралися їх усі повиривати. Але Катруся благала їх цього не робити. Катруся була страшенна фантазерка. Вона уявляла, що двір — це магічний ліс. А бур'яни — то чарівні дерева. Катруся носилася між деревами-бур'янами і уявляла, що грає у хованки з лісовими феями.

Катруся помітила, що в одного дерева-бур'янини була зламана гілочка. «Це витівки злого лісового духу», — заявила вона. Дівчинка примотала гілочку назад до стебла стрічкою для волосся і часто її поливала. За кілька днів гілочка приросла назад до стебла! Злому лісовому духові не вдалося нашкодити чарівному дереву-бур'янині.

Коли пізніше тато й мама наводили лад у дворі, вони вирвали всі бур'яни, крім того, який врятувала Катруся. Так він і залишився рости у дворі біля паркану і за літо виріс вищим за Катрусю.

1.	Про що йдеться у тексті?

- 	Про те, як Катруся садила рослини.
- 	Про те, як Катруся грала влітку на дачі.

2.	Чому Катруся просила батьків не виривати бур'яни?

- 	Катруся грала у дворі та фантазувала, що бур'яни — це чарівні дерева.
- 	Катруся рятувалася від сонця в тіні бур'янів.

3. Як Катруся врятувала зламаний бур'ян?

- Вона використовувала добрива.
- Вона прив'язала зламану гілочку назад до бур'яну.

4. Чому батьки Катрусі не вирвали врятований бур'ян?

- Це був високий бур'ян, який було неможливо вирвати.
- Їм було шкода виривати бур'ян, за яким доглядала Катруся.

5. Чим можна замінити слово «витівки» у реченні «Це **витівки** злого лісового духу»?

- оповідання
- жарти

6. Який варіант **протилежний** за значенням до слова «благала» у реченні «Але Катруся **благала** їх цього не робити»?

- просила
- вимагала

7. Вставте пропущені слова.

витівки   уявляв   нашкодити

- Петрик читав про те, як не ________ природі.
- У дитинстві я часто мріяв про пригоди та _______ себе рятівником.
- По підлозі була розкидана картопля. Це _______

нашого кота Симона.

Модуль 2.4

Псу дозволялося виходити надвір, а коту ні. Тому кіт дуже заздрив псові. Пес цілий день гасав з дому у двір і назад. Він ніяк не міг вирішити, де йому краще — вдома чи у дворі. У дворі пес часто уявляв, як удома всі граються з котом у догонялки і годують кота сосисками. Псу ставало прикро, що вдома всі веселяться без нього. Пес знав, що господарі не любили, коли він голосно гавкав. Тоді він починав гавкати, і його відразу заганяли додому.

Вдома ж у догонялки ніхто не грав. Сосисками теж не пахло. Тоді пес згадував, що можна поганяти пташок у дворі. А ще він любив чухати боки об паркан. Пес починав наполегливо скавчати і показувати господарям мордою на двері. Так він зазвичай просився надвір. Господарі його відразу випускали.

Це тривало цілий день.

Кіт дивувався, чому пес не цінує своєї свободи і завжди незадоволений. От якби кота пускали у двір, він би гуляв дотемна, а не бігав туди-сюди.

1. Про що йдеться у тексті?

   • Про те, як кіт і пес ставляться до прогулянок у дворі.
   • Про те, як пес ганяє кота.

2. Чому пес увесь час просився з двору додому?

   • На подвір'ї було надто галасливо.
   • Пес думав, що вдома без нього граються з котом і

їдять сосиски.

3. Що приваблювало пса у дворі?

- У дворі можна було ганятися за пташками.
- У дворі була приємна погода.

4. Про що мріяв кіт?

- Кіт мріяв про смажені сосиски.
- Кіт мріяв гуляти дотемна.

5. Чим можна замінити слово «наполегливо» у реченні «Пес починав **наполегливо** скавчати і показувати господарям мордою на двері»?

- затято
- неприємно

6. Який варіант **протилежний** за значенням до слова **«голосно»** у реченні «Пес знав, що господарі не люблять, коли він **голосно** гавкає»?

- гучно
- тихо

7. Вставте пропущені слова.

образливих   згадував   гасали

- В акваріумі сріблясті рибки __________ туди-сюди.
- Василина розлютилася, але __________ слів не сказала.
- Вчитель часто __________ веселі роки в

університеті.

Модуль 2.5

Мама та Іванко вирішили вирощувати овочі та ягоди у себе на балконі. Мама придбала великі горщики. Туди вона насипала спеціально удобрену землю з мішка. Потім мама й Іванко почали саджати різні овочі та ягоди. Іванко викопував невеличку ямку у землі. Потім він клав туди насіння і присипав його землею. Мама нагадувала Іванкові вчасно поливати рослини.

Майже цілий рік Іванко та мама збирали з кущиків урожай. Спочатку в них з'явились яскраво-червоні ягоди полуниці. Потім вони збирали зелені огірки. Після огірків — червоні соковиті помідори.

Нарешті мама покликала Іванка збирати картоплю. Іванко оглянув кущик і нічого там не знайшов. «А картопелька не виросла», — сказав він. Тоді мама посміхнулася і висмикнула кущик із землі. Так Іванко й зрозумів, що бульби картоплі ростуть у землі.

1. Про що йдеться у тексті?

- Про те, як корисно їсти овочі.
- Про те, як мама та Іванко вирощували овочі та ягоди.

2. Як Іванко пам'ятав, коли поливати рослини?

- Йому про це нагадувала мама.
- Він ставив собі нагадування на телефоні.

3. Які овочі чи ягоди достигли першими?

- Першими достигли огірки.
- Першою достигла полуниця.

4. Чому Іванко вирішив, що картопля не виросла?

- Іванко не знав, що бульби картоплі ростуть у землі.
- Іванко викопав кущ картоплі, але на корінні нічого не було.

5. Чим можна замінити слово «почали» у реченні «Потім мама й Іванко **почали** саджати різні овочі»?

- задумали
- взялися

6. Який варіант **протилежний** за значенням до слова «**вчасно**» у реченні «Мама нагадувала Іванкові **вчасно** поливати рослини»?

- пізно
- своєчасно

7. Вставте пропущені слова.

спеціальну   соковитими   почали

- Потрібно було терміново купити ________ форму для катання на велосипеді.
- Зранку всі ________ прибирати.
- Дідусеві котлети вийшли особливо ________.

Модуль 2.6

Оленці подарували цуценя німецької вівчарки. Цуценя назвали Максом. Макс ріс як з води. Він був дуже тямовитий. Оленка одразу навчила його давати лапу. А коли Макс чув команду «гуляти», то негайно біг до дверей. Але цуценя росло впертим і багато бешкетувало. Воно зривалося з повідця на прогулянці. Воно часто упиралося та відмовлялося йти додому з парку. Макс гавкав на сусідів, гарчав і показував їм зуби.

Тоді тато почав водити Макса до дресирувальника. Коли дресирувальник працював з ним, то цуценя поводилося на диво добре. Проте з Оленкою Макс не переставав пустувати. Але Оленка не здавалася і продовжувала виховувати цуцика. Минув рік, і Макса було не впізнати. Він вивчив багато команд. Він більше не скалив зуби на сусідів і не зривався з повідця. Макс перетворився на розумну слухняну вівчарку.

1. Про що йдеться у тексті?

    •   Про те, як цуценя на ім'я Макс не могло вивчити команди.
    •   Про те, як з упертого цуценяти Макс виріс у розумного слухняного собаку.

2. Яким командам Оленка відразу змогла навчити Макса?

- Оленка відразу змогла навчити Макса давати лапу.
- Оленка відразу змогла навчити Макса гавкати по команді.

3. Чому тато почав водити Макса до дресирувальника?

- Щоб навчити Макса правильно поводитися.
- Щоб Макс працював у цирку.

4. Чому наприкінці оповідання Макса було не впізнати?

- Тому що він виріс у величезного собаку.
- Тому що Макс перестав бешкетувати і став дуже слухняним.

5. Чим можна замінити слово «бешкетував» у реченні «Але цуценя росло впертим і багато **бешкетувало**»?

- веселилось
- пустувало

6. Який варіант **протилежний** за значенням до слова «**тямовитий**» у реченні «Він був дуже **тямовитий**»?

- дурний
- розумний

7. Вставте пропущені слова.

перетворилася   впізнати   упирався

- Сіма так виросла за час канікул, що її було не ________.

- Віслючок не хотів рухатися з місця та ________ що є сил.
- Після ремонту моя кімната ________ на справжню музичну студію.

Модуль 2.7

Кішка Ніка сьогодні дивно поводилася. Вона довго задивлялась на підлогу біля стіни. Господарі на підлозі нічого не знаходили і тільки знизували плечима.

Вночі господарі прокинулися від дивного шарудіння. Вони ввімкнули світло. Ніка сиділа біля холодильника й щось під ним виглядала. Господарі знову нічого там не побачили. Вони пішли назад у спальню, аж раптом знову почули шарудіння. А Ніка почала гасати по кухні.

Раптом Ніка зупинилася і всілась на підлозі біля стільця. Господарі придивилися: Ніка спіймала мишку! Вона тримала її у роті, а потім випускала. Мишка намагалася втекти, а Ніка її відразу ловила. Ніка не збиралася їсти мишку. Вона просто гралася з нею. Господарі тихенько підібрали мишку та посадили її у паперовий пакет. Вони похвалили Ніку, а мишку випустили в поле.

1. Про що йдеться у тексті?

- Про те, як кішка охороняла холодильник.
- Про те, як кішка Ніка спіймала мишку.

2. Чому господарі прокинулися посеред ночі?

- Вони прокинулися від дивного шарудіння.
- Вони прокинулися від сигналу будильника.

3. Чому кішка Ніка почала гасати по кухні?

- Вона злякалася галасу.
- Вона ганялася за мишкою.

4. Що господарі зробили з мишкою?

- Вони залишили мишку вдома як нового домашнього улюбленця.
- Вони випустили мишку в поле.

5. Чим можна замінити словосполучення «знизували плечима» у реченні «Господарі на підлозі нічого не бачили і тільки **знизували плечима**»?

- не розуміли, що відбувається
- розминалися

6. Який варіант **протилежний** за значенням до слова «шарудіння» у реченні «Вони пішли назад у спальню, як раптом знову почули **шарудіння**»?

- шелест
- тиша

7. Вставте пропущені слова.

дивна   Гасати   випустили

• Під час весілля молодята _________ в небо білих голубів.
• _________ по парку було улюбленою забавкою малюків.
• Перед нами постала _________ картина: кішка розляглася в раковині і мурчала.

Модуль 2.8

Микитка переконав маму з татом завести рибок в акваріумі. Акваріум Микитка вибрав великий. Він витратив на нього майже всі гроші зі своєї скарбнички. Мама й татко купили Микитці цілих сім рибок! Рибки були різнокольорові, великі та маленькі. Вони плавали між довгими зеленими водоростями. Ще Микитка поставив рибкам кам'яну печеру та невеличкий піратський кораблик, щоб вони могли там ховатись.

В однієї з жовтих рибок навколо очей була синя пляма. «Ця рибка називається «метелик масковий», — сказала мама. Така назва дуже розсмішила Микитку. Адже рибка з плямою навколо очей більше нагадувала пірата, аніж метелика. «Я назву цю рибку Капітан Флінт, як відомого пірата», — заявив Микитка. Капітан Флінт у цей самий час метушився по палубі піратського кораблика. Здавалося, він шукав карту скарбів чи готувався до морського бою.

1. Про що йдеться у тексті?

- Про те, як Микитка завів акваріум із рибками.
- Про те, як Микитка мріяв боротися з піратами.

2. Звідки Микитка мав гроші на акваріум?

- Микитка назбирав гроші.
- Гроші Микитці дали друзі.

3. Де в акваріумі могли ховатися рибки?

- Рибкам не було де ховатися.
- Рибки могли ховатися в кам'яній печері та піратському кораблику.

4. Чому Микитка назвав жовту рибку Капітаном Флінтом?

- У жовтої рибки були цятки навколо очей, і вона нагадувала пірата.
- Жовта рибка була хижачкою.

5. Чим можна замінити слово «метушився» у реченні «Капітан Флінт у цей самий час **метушився** по палубі піратського кораблика»?

- кидався
- носився

6. Який варіант **протилежний** за значенням до слова «**витратив**» у реченні «Він **витратив** на нього майже всі гроші зі своєї скарбнички»?

- придбав
- втратив

7. Вставте пропущені слова.

      нагадала   розсмішила   Переконати

- _________ батьків купити мені телефон було складно.
- Величезна хмаринка в небі _________ Сашкові про ванільне морозиво.
- Комедія про вівчарку мене дуже _________.

Модуль 2.9

На столі стояв величезний плетений кошик, повний груш. Марічка виклала з нього груші. Потім вона схопила кошик і побігла з ним у двір — кидати в нього м'яч здалеку. До неї приєдналася мама. Мама заявила, що Марічка грає у баскетбол. Марічка здивувалася. Мама пояснила, що англійською «баскет» — це кошик, а «бол» — м'яч. Ціль гри в баскетбол полягає в тому, щоб потрапити м'ячем у кошик.

Тут з'явився тато і розповів історію баскетболу. Баскетбол придумав викладач коледжу Джеймс Нейсміт аж у 1891 році! Справа в тому, що його студентам було дуже нудно під час уроків фізкультури. Тоді Нейсміту доручили придумати для них щось цікавеньке. Ось він і прив'язав два кошики з-під персиків до поручнів балкона спортивної зали. Нейсміт розділив студентів на дві команди. Він пояснив їм, що вони повинні закидати м'ячі в кошики. Команда, яка закине найбільшу кількість м'ячів у кошик суперників, – переможе.

Почувши історію про Нейсміта, Марічка

заявила: «Джеймс Нейсміт придумав баскетбол із кошиком для персиків. А я винайшла баскетбол із кошиком для груш»!

1. Про що йдеться у тексті?

- Про те, як Марічка дізналася історію баскетболу.
- Про те, як Марічка вигадала новий вид спорту.

2. Чому мама сказала, що Марічка грає у баскетбол?

- Тому що Марічка була на занятті з баскетболу.
- Тому що Марічка кидала м'яч у кошик.

3. Як Джеймс Нейсміт започаткував гру баскетбол?

- Він прив'язав кошик з-під персиків до поручнів балкона.
- Він пофарбував м'яч у помаранчевий колір.

4. Як наприкінці історії пожартувала Марічка?

- Вона заявила, що обіграє Джеймса Нейсміта у баскетбол.
- Вона заявила, що вигадала вид баскетболу, коли м'яч кидають у кошик для груш.

5. Чим можна замінити слово «викладач» у реченні «Баскетбол придумав **викладач** коледжу Джеймс Нейсміт аж у 1891 році»?

- вчитель
- дослідник

6. Який варіант **протилежний** за значенням до слова «**закине**» у реченні «Команда, яка **закине** найбільшу кількість м'ячів у кошик суперників, – переможе»?

- потрапить
- пропустить

7. Вставте пропущені слова.

приєднатися   здалеку   здивувались

- Ми всі ________, коли дізнались, наскільки велика наша галактика.
- Вчитель ________ спостерігав за учнями, які сперечалися.
- Віра хотіла швидко закінчити робити уроки, щоб ________ до хлопців у дворі.

Модуль 2.10

Якось маленькій дівчинці подарували коробку з кольоровими олівцями. Олівці з нетерпінням чекали, кого ж вона вибере для малювання. Кожен олівець вважав себе важливішим за всіх інших.

— Я можу намалювати чудову троянду, — гордо говорив червоний олівець.

— А я — спекотне сонце, — не поступався йому помаранчевий.

— Без мене у вас ніколи не вийдуть маленькі пухнасті курчата, — попереджав жовтий.

— І що ви робитимете, якщо захочете намалювати весняне листя? — запитував зелений.

— Усі знають, що найважливіша річ на будь-якому

малюнку — це безхмарне небо, — заперечував блакитний.
— Хіба є щось краще за тепле море? — дивувався синій.
— Можете сперечатися скільки завгодно, але жоден з вас не зможе намалювати лісові фіалки, — хвалився фіолетовий.

Дівчинка була невимовно рада подарованим кольоровим олівцям. Кожен олівець прагнув, щоб вибрали саме його. А дівчинка взяла всі сім олівців і намалювала веселку.

1.   Про що йдеться у тексті?

* Про те, що важливі олівці всіх кольорів.
* Про те, як дівчинка вчилася малювати.

2.   Про що сперечалися кольорові олівці?

* Про те, що одні кольори використовуються частіше, ніж інші.
* Про те, що кожен з них важливіший за інших.

3.   Чому зелений олівець вважав себе важливішим за інших?

* Тому що за його допомогою можна намалювати крокодила.
* Тому що за його допомогою можна намалювати весняне зелене листя.

4.   Як наприкінці історії дівчинка показала, що всі кольори важливі?

* Вона намалювала веселку.
* Вона намалювала польові квіти.

5. Чим можна замінити слово «невимовно» у реченні «Дівчинка була **невимовно** рада подарованим кольоровим олівцям»?

- трохи
- дуже

6. Який варіант **протилежний** за значенням до слова «**важливішим**» у реченні «Кожен олівець вважав себе **важливішим** за всіх інших»?

- менш значним
- головнішим

7. Вставте пропущені слова.

похвалитися   попередили   нетерпінням

- Ми _________ гостей про те, що скоро буде дощ.
- Марічці дуже хотілося _________ новими ковзанами.
- Бабуся з _________ чекала мого повернення з Парижа.

Рівень 3

Модуль 3.1

Мишеня на ім'я Моріс полюбляло малинове морозиво, але не дуже шанувало математику. Замість того, щоб вирішувати задачі, Моріс подовгу переглядав відео в телефоні. Якось мама-миша послала Моріса до магазину за їжею:

— Коли візьмеш усі продукти, то на здачу можеш купити собі морозиво.

У магазині Моріс купив молоко, моркву, олію та інші продукти. Коли касир відрахував йому решту, Моріс попросив:

— Дайте мені, будь ласка, малинове морозиво.
— Малинове морозиво коштує 2 монетки, — відповів касир. — Скільки тобі штук?

У Моріса залишалося 5 монеток. Але він не розумів, скільки стаканчиків малинового морозива він міг купити за ці гроші. Морісові стало дуже соромно. Співчутливий касир допоміг йому порахувати і дав йому два стаканчики малинового морозива. Дорогою додому Моріс вирішив, що тепер щодня вивчатиме математику.

1. Про що йдеться у тексті?

- Про те, що Моріс не хотів вчитись.
- Про те, як Моріс зрозумів, що треба вивчати математику.

2. Про що попросила мама Моріса?

- • Навести лад у своїй кімнаті.
- • Сходити в магазин за продуктами.

3. Чим касир допоміг Морісу?

- • Він допоміг йому порахувати, скільки стаканчиків морозива Моріс може купити на здачу.
- • Він допоміг Морісу вибрати морозиво.

4. Чому Моріс вирішив вчити математику?

- • Він зрозумів, наскільки важлива математика в житті.
- • Він хотів отримувати хороші оцінки в школі.

5. Чим можна замінити слово «шанувало» у реченні «Мишеня на ім'я Моріс полюбляло малинове морозиво, але не дуже **шанувало** математику»?

- • шкодувало
- • любило

6. Який варіант **протилежний** за значенням до слова **«співчутливий»** у реченні «**Співчутливий** касир допоміг йому порахувати і дав йому два стаканчики малинового морозива»?

- • жорстокий
- • такий, що розуміє

7. Вставте пропущені слова.

мріяти   соромно   співчували

• Всі _________ Іванкові, тому що він загубив свої лижі.
• Вінні любив дивитися на хмари і про щось _________.
• Ремі _________ було зізнатися, що вона не виконала домашнє завдання.

Модуль 3.2

Щоліта Антон їздив у село до бабусі й дідуся. У селі на подвір'ї будинку росла яблуня. Дідусь казав, що то дуже старе дерево. Воно росло ще тоді, коли дідусь сам був маленьким хлопчиком. Тоді Антон уявляв свого дідуся хлопчаком, який лазив по деревах. Йому це здавалося дуже кумедним.

Яблуню Антон дуже любив. Вона була велика, крислата і давала запашні, ароматні яблука. Дідусь учив Антона, як правильно доглядати за деревом. Часто на вулиці було занадто жарко, щоб грати з іншими хлопцями. Тоді Антон із дідусем сідали в тінь під яблуню і Антон слухав дідусеві історії. А ввечері бабуся годувала їх із дідом яблучним пирогом, який вона пекла з яблук старої яблуні.

1. Про що йдеться у тексті?

• Про те, що яблуня була дуже важливою в житті Антона та його бабусі з дідусем.
• Про те, як Антон посадив яблуню.

2.   Що здавалось Антонові кумедним?

- дідусеві історії
- Він уявляв дідуся маленьким хлопчиком, який лазив по яблуні.

3.   Чому Антон із дідусем сідали розмовляти під яблунею?

- Тому що під яблунею можна було сховатись від сонця.
- Тому що під яблунею їх не могла знайти бабуся.

4.   Чим була важлива яблуня?

- Завдяки їй дідусь та Антон спілкувалися.
- Вона давала добрий урожай на продаж.

5.   Чим можна замінити слово «запашні» у реченні «Вона була велика, крислата і давала **запашні**, ароматні яблука»?

- пахучі
- солодкі

6.   Який варіант **протилежний** за значенням до слова **«доглядати»** у реченні «Дідусь учив Антона, як правильно **доглядати** за деревом»?

- нехтувати
- дбати

7. Вставте пропущені слова.

смішно уявляла Крислате

• Кошенята ________ перекидалися по килимку, що викликало у всіх посмішку.
• ________ дерево давало велику тінь.
• Я ________ собі похід у ліс набагато нуднішим.

Модуль 3.3

На день народження Наталці подарували ляльку. Лялька з великими карими очима була вдягнута в гарну червону сукню. Ляльку звали Поліна. Наталка познайомила Поліну з іншими іграшками.

Якось Поліна захворіла. У неї була висока температура та кашель. Наталка поклала Поліну в ліжко і викликала лікаря — плюшевого ведмедика Тедді. Тедді оглянув Поліну і прописав їй ложечку меду по обіді. Ще він сказав, що Поліна повинна лежати в ліжку, доки не одужає.

Три години Наталка доглядала Поліну, давала їй мед і читала книжки. Поліна одужала. Всі іграшки прийшли до неї в гості пити чай і їсти печиво, яке спекла Наталка.

1. Про що йдеться у тексті?

• Про те, як Наталка грала в ляльки.
• Про те, як Наталка купила нову ляльку.

2. Звідки в Наталки лялька Поліна?

- Наталка знайшла Поліну в парку на лавці.
- Наталці подарували Поліну на день народження.

3. Що трапилося з Поліною?

- Поліна захворіла.
- Поліна лікувала ведмедика Тедді від безсоння.

4. Як Наталка лікувала Поліну?

- Вона лікувала її цукерками.
- Вона давала їй мед та читала книжки.

5. Чим можна замінити слово «одужає» в реченні «Ще він сказав, що Поліна повинна лежати в ліжку, доки не **одужає»**?

- виросте
- видужає

6. Який варіант **протилежний** за значенням до слова **«подарували»** в реченні «На день народження Наталці **подарували** ляльку»?

- принесли
- забрали

7. Вставте пропущені слова.

догл́ядати   познайомив   видужав

- Том нарешті ________ своїх друзів з пуделем Рексом.

• На щастя, ліки допомогли, і Данилко швидко
__________.

• Усі онуки зібралися, щоб __________ за
бабусею, і їй незабаром покращало.

Модуль 3.4

Кіт Моріс одягнув похідний рюкзак, узяв вудки й сів на велосипед. У нього на плечі, під полями широкого капелюха, влаштувався його друг — мишеня Алан. Друзі вирушили порибалити на лісовому озері. Дорогою Алан розважав Моріса, виспівуючи веселі мелодії. Ось друзі зупинилися підкріпитись смаколиками з торбинок, що їм зібрали в дорогу матусі.

«Заморили черв'ячка. Тож поїхали далі?» — запропонував Моріс. Алан не зовсім зрозумів, про якого черв'ячка йдеться. Він почухав голову і пропищав: «Якого ще черв'ячка? Ми ж збиралися ловити рибу на зелений горошок. Нам ще бракувало хробаків викопувати». Тут Моріс розреготався, точніше розмявкався, взявшись лапами за боки — так йому стало весело від слів Алана.

«Заморити черв'ячка — це такий вираз цікавий. Так кажуть, коли хочуть сказати, що перекусили та вгамували голод», — пояснив Моріс. Алану сподобався цей вираз. «Заморили, — відповів він. — Можна їхати далі».

1. Про що йдеться у тексті?

• Про те, як кіт і мишеня грали в хованки.
• Про те, як кіт навчив мишеня новому виразу.

2. Звідки Моріс і Алан мали торбинки з їжею?

- Торбинки з їжею зібрали їм в дорогу їхні матусі.
- Вони придбали їх у магазині.

3. На що Моріс та Алан збиралися ловити рибу?

- на зелений горошок
- на хробака

4. Що означає «заморити черв'ячка»?

- Ловити рибу на хробака.
- Вгамувати голод.

5. Чим можна замінити слово «підкріпитись» у реченні «Ось друзі зупинилися **підкріпитись** смаколиками з торбинок, що їм зібрали в дорогу матусі»?

- зміцнитись
- попоїсти

6. Який варіант **протилежний** за значенням до слова **«цікавий»** у реченні «Заморити черв'ячка» — це такий вираз **цікавий**»?

- нудний
- інтересний

7. Вставте пропущені слова.

перекусили   влаштувалася   розважати

- Ліна зручно _________ на дивані з   книжкою і чаєм.

- Артист добре вмів ________ гостей своїми жартами.
- Перед плаванням діти ________ пиріжками з капустою.

Модуль 3.5

Коли Тіна не могла заснути, вона йшла до бабусі. Пізно ввечері вона приходила на кухню й тримала в руках свого плюшевого зайця. Бабуся Тіни славилась на всю округу своїм апельсиновим варенням та вмінням розповідати казки. Побачивши Тіну, якнайперше бабуся ставила чайник. На стіл вона завжди ставила три чашки: для Тіни, для себе та для плюшевого зайця. Вона обов'язково додавала до чаю ложечку апельсинового варення. А потім бабуся садовила Тіну у велике крісло-гойдалку, вкривала її пледом і починала розповідати казку.

Найбільше Тіна любила слухати казку про рудоволосу принцесу та її пригоди. Принцеса була відважна, добра і допомагала всім тваринам у казковому лісі навколо свого замку. Іноді Тіні здавалося, що принцеса й вона трохи схожі.

Сидячи закутаною у плед, Тіна насолоджувалась ароматним чаєм і слухала бабусині казки. Тіна й не помічала, як її повіки поступово важчали. Незабаром вона вже спала й бачила уві сні пригоди рудоволосої принцеси.

1. Про що йдеться у тексті?

- Про те, як бабуся дбала про Тіну, коли тій не спалось.
- Про те, як Тіні подобалося пустувати перед сном.

2. Що робила бабуся, якщо Тіні не спалось?

- Бабуся садовила Тіну у візок.
- Бабуся напувала Тіну чаєм і розповідала їй казки.

3. Якою була рудоволоса принцеса із казки?

- Принцеса була примхлива.
- Принцеса була відважна, добра та допомагала тваринам.

4. Що часто снилося Тіні?

- Тіні снилися пригоди рудоволосої принцеси.
- Тіні снилось апельсинове варення.

5. Чим можна замінити слово «славилась» у реченні «Бабуся Тіни **славилась** на всю округу своїм апельсиновим варенням та вмінням розповідати казки»?

- була доброю
- була відомою

6. Який варіант **протилежний** за значенням до слова «**відважна**» у реченні «Принцеса була **відважна**, добра і допомагала всім тваринам у казковому лісі навколо свого замку»?

- хоробра
- полохлива

7. Вставте пропущені слова.

насолоджувався   відважного   помітили

- Я обожнював історію про _________ капітана, який боровся з піратами.
- Хлопці не _________, як за вікном   посутеніло.
- Ніхто так не _________ кавою, як моя мама.

Модуль 3.6

Дорогою додому Андрій побачив у квітковому магазині незвичайні квіти. Фіолетові, вони були розкладені на прилавку й наповнювали повітря неймовірним ароматом.

«Що це за квіти?» — запитав Андрій у бородатого продавця.
«Це ж бузок», — пояснив той.

Продавець квітів пояснив, що бузок швидко в'яне в спеку. У їхніх краях бузок – дивина. Андрій згадав, що про бузок йому також розповідала бабуся. Там, де пройшло її дитинство, бузок квітнув щовесни. Бабуся за бузком дуже сумувала. Андрій одразу купив для неї букет.

Бабуся жила на іншому кінці міста. Продавець квітів побоювався, що Андрій не встигне донести букет цілим і неушкодженим. Продавець запропонував загорнути букет у мокру газету та обкласти бузок льодом.

Бабуся була здивована, коли Андрій урочисто підніс їй мокрий газетний пакунок. Вона розгорнула газету. Тоді Андрій побачив, що майже з усіх гілок опали квітки.

Бабуся обережно взяла в руки гілочку, на якій ще збереглися квітки, і довго дивилася на неї з усмішкою на обличчі.

«Дякую, що повернув мені моє дитинство», — сказала вона і обійняла Андрія.

1. Про що йдеться у тексті?

* Про те, як Андрій подарував своїй бабусі її улюблені квіти.
* Про те, що Андрій не знав, які квіти подарувати бабусі на день народження.

2. Чому Андрій звернув увагу на бузок?

* Тому що це були незвичайні фіолетові квіти.
* Тому що продавець вказав Андрію на бузок.

3. Чому там, де жив Андрій, бузок був дивиною?

* Тому що він там не ріс і привозити його туди у спеку було важко.
* Тому що там всі кущі бузку були вирубані.

4. Чому бузок був таким любим бабусі?

* Тому що бузок приємно пахнув.
* Тому що бузок нагадував бабусі про її дитинство.

5. Чим можна замінити слово «побоювався» у реченні «Продавець квітів **побоювався**, що Андрій не встигне донести букет цілим і неушкодженим»?

- турбувався
- відчував небезпеку

6. Який варіант **протилежний** за значенням до слова «**обережно**» у реченні «Бабуся **обережно** взяла в руки гілочку, на якій ще збереглися квітки, і довго дивилася на них з усмішкою на обличчі»?

- акуратно
- грубо

7. Вставте пропущені слова.

урочисто   дивина   здивована

- У горах у травні сніг зовсім не __________.
- Мама була __________ таким незвичайним подарунком.
- Чемпіонці з шахів __________ вручили кубок за перемогу у турнірі.

Модуль 3.7

На осінні канікули Марті, мама, тато та вівчарка на ім'я Рекс вирушили на ферму. У перший же день Рекс кудись зник на цілих три години. Коли він повернувся, то приніс в зубах незвичайну здобич. Папа відразу визначив, що це було дитинча опосума.

Рекс виявився дуже обережним мисливцем, і малюк-опосум не постраждав від його зубів. Щоправда, від слини Рекса він промокнув до останньої ниточки. Мама Марті обережно загорнула маленького опосума в рушник і поклала його в картонну коробку. Поруч із малюком вона залишила пляшку з теплою водою, щоб опосум не змерз без своєї мами.

На ранок опосум просох і виглядав цілком здоровим. Він був такий кумедний, що Марті попросив батьків залишити звірятка жити з ними. Але батьки не погодились.

— Опосум — дикий звірок, і він не звик жити з людьми, як Рекс. Якщо дикий звір здоровий і може сам потурбуватися про себе, його треба обов'язково випустити на волю, — пояснили мама й тато.

Вони віднесли малюка в ліс і випустили його на галявині. Марті побачив, як опосум весело побіг стежкою вглиб лісу. Тоді він зрозумів, що батьки мали рацію, що повернули дикого звірка у природу.

1. Про що йдеться у тексті?

- Про те, як сім'я врятувала дитинча опосума.
- Про те, як сім'я приручила дитинча опосума.

2. Як Рексу вдалося не поранити опосума, коли він ніс того в зубах?

- У опосумів жорстка шерсть.
- Рекс був обережним.

3. Як мама Марті подбала про опосума?

- Вона відвезла його до ветеринара.
- Вона не дала опосуму змерзнути.

4. Чому Марті не дозволили залишити собі опосума?

- • Тому що диким тваринам краще живеться у природі.
- • Тому що опосум втік.

5. Чим можна замінити слово «кумедний» у реченні «Він був такий **кумедний**, що Марті попросив батьків залишити його жити з ними»?

- • жвавий
- • смішний

6. Який варіант **протилежний** за значенням до слова **«дикий»** у реченні «Опосум — **дикий** звірок, і він не звик жити з людьми, як Рекс»?

- • домашній
- • небезпечний

7. Вставте пропущені слова.

    здобич   виглядала   до останньої ниточки

- • Перш ніж схопив свою _________, лев люто загарчав.
- • Злива була такою сильною, що ми швидко промокли _________.
- • Після довгого робочого дня мама все-таки не _________ втомленою.

Модуль 3.8

Сьогодні будинок заполонила святкова метушня. Завтра у мами день народження і вся родина готується до приходу гостей. Поки бабуся пече пироги, Ганнуся з татком пішли до супермаркету купити фруктів на десерт. У супермаркеті Ганнуся побачила гарні філіжанки для кави. Усім відомо, що мама дуже охоча до кави. Тож Ганнуся вирішила купити у подарунок мамі кавову філіжанку. До цього Ганнуся подарунки тільки отримувала, а сама жодного разу нікому нічого не дарувала.

У кишені в Ганнусі було кілька доларів, які їй минулої неділі залишила під подушкою зубна фея. Ганнуся запитала продавця, скільки коштує найкрасивіша філіжанка. Виявилося, що Ганнусі не вистачало двох доларів. Тут до неї підійшов татко. Він вирішив допомогти їй і дав продавцю два долари, яких бракувало. Гарно упаковану філіжанку Ганнуся понесла додому.

Ганнуся не могла дочекатися завтрашнього дня, щоб подарувати філіжанку мамі. Вона з подивом зрозуміла, що дарувати подарунки значно приємніше, аніж отримувати. Ганнуся вирішила, що відтепер робитиме батькам подарунки на кожне свято.

1. Про що йдеться у тексті?

• Про те, як Ганнуся навчилася поводитися з грошима.
• Про те, як Ганнуся зрозуміла, що робити подарунки може бути приємніше, ніж їх отримувати.

2. З якою метою тато та Ганнуся вирушили до супермаркету?

• Купити подарунок мамі.
• Купити фрукти на десерт.

3. Звідки Ганнуся мала гроші?

- Ганнуся думала, що гроші в неї від зубної феї.
- Їх їй дала бабуся.

4. Чому Ганнуся не могла дочекатись завтрашнього дня?

- Їй не терпілося скуштувати десерт.
- Їй не терпілося подарувати мамі філіжанку для кави.

5. Чим можна замінити слово «бракувало» у реченні «Він вирішив допомогти їй і дав продавцю два долари, яких **бракувало**»?

- зайві
- не вистачало

6. Який варіант **протилежний** за значенням до слова **«метушня»** у реченні «Сьогодні будинок заполонила святкова **метушня**»?

- веселощі
- спокій

7. Вставте пропущені слова.

Запаковану   здивуванням   заполонила

- Театр _________ урочиста атмосфера.
- _________ посилку тато відніс на пошту.
- Вільям зі _________ знайшов у себе в кишені десять доларів.

Модуль 3.9

Марічка та Олеся — близнючки. Зовні вони схожі, як дві краплі води. Але за характерами дівчатка відрізняються. Марічка часто спершу робить, а потім думає. А Олеся, перш ніж на щось наважитись, довго сумнівається. Ігри дівчаток часто закінчувалися суперечками.

Якось мама повідомила Марічці та Олесі важливу новину: в обід до них у гості приїжджає дідусь! Дівчата зраділи й вирішили приготувати йому сюрприз. Олеся не знала, який сюрприз сподобається дідусеві. Тому вона пішла розпитувати про це маму. Мама порадила Олесі спекти якийсь «здоровий» десерт, бо їсти багато солодкого дідусеві було шкідливо. Олеся відразу сіла за комп'ютер і почала читати рецепти. А Марічка одразу побігла на кухню пекти дідусеві торт. Рецепта Марічка не мала. Але вона невиразно згадувала ролик про випічку з Інтернету.

Згодом на кухню прибігла Олеся. Вона нарешті знайшла корисний рецепт — вишнево-ягідне желе. Олеся не знала, чи встигне вона приготувати желе, бо на дідуся чекали з хвилини на хвилину. Олеся поспіхом нарізала ягоди і почала їх варити спеціальним способом. Марічка тим часом уже дістала коржі з духовки. Олеся відчула запах гару — коржі пригоріли. У Марічки на очах з'явилися сльози. Лише один корж виглядав їстівним. Олесиним ягодам до желе було ще дуже далеко. Олеся теж мало не плакала.

У цей час дівчатка почули, як біля будинку зупинилася машина. Це дідусь приїхав на таксі. Тоді сестрички подивились одна на одну, ніби у них обох визрів у голові новий план.

Коли дідусь зайшов додому, Олеся та Марічка радісно підбігли до нього з тарілкою в руках і весело прокричали: «Сюрприз! Пиріг з ягодами!» Дідусь обійняв дівчаток і скуштував десерт. «Чудово!» — заявив він. Корж Марічки та ягоди Олесі несподівано поєднались у чудовий десерт для дідуся. Вперше дівчатка чудово спрацювалися разом.

1.   Про що йдеться у тексті?

•   Про те, як Марічка та Олеся разом приготували десерт для дідуся.
•   Про те, як Марічка та Олеся посварилися через десерт.

2.   Яку важливу новину мама повідомила Марічці та Олесі?

•   Мама розповіла їм, які продукти корисні для дідуся.
•   Мама їм повідомила, що скоро до них приїде дідусь.

3.   Чому в Марічки не вийшов торт для дідуся?

•   Тому що Марічка випадково додала до тіста сіль замість цукру.
•   Тому що Марічка не мала рецепта.

4.   Як Олеся та Марічка встигли приготувати десерт до приходу дідуся?

•   Вони поєднали свої напівготові десерти в один сюрприз для дідуся.

- Дідусь спізнився, і в Олесі з Марічкою з'явився зайвий час.

5. Чим можна замінити слово «визрів» у реченні «Тоді сестрички подивились одна на одну, ніби у них обох **визрів** у голові новий план»?

- з'явився
- змінився

6. Який варіант **протилежний** за значенням до слова «**спрацювалися**» у реченні «Вперше дівчатка чудово **спрацювалися** разом»?

- розвеселили
- посварилися

7. Вставте пропущені слова.

пригадував   визріла   сумнівався

- Тато невиразно ________ фільм про піратів.
- Вчора під час прогулянки в голові у мене ________ ідея щодо нового оповідання.
- Стівен дещо ________ щодо поїздки в пустелю.

Модуль 3.10

Дідусь був великим жартівником і веселуном. Він так заразливо сміявся, що я сама починала заливатись реготом. Якось дідусь, бабуся і я вирушили в подорож на Коста-Рику. Першого ж вечора, щойно ми зайшли в номер готелю, то відразу ж почули страшний рев. Я відразу здогадалася, що це коати — павукоподібні мавпочки, якими відома Коста-Рика. Бабуся сумнівалася, що мавпочки можуть так ревіти. Дідусь жартував, що це реве динозавр. Пізніше ми з'ясували, що за вікном на деревах мешкало ціле сімейство цих невеликих мавпочок, знаних своїм пронизливим ревом. Щовечора смішні мавпочки влаштовували свій жахливий концерт, до якого ми швидко звикли і який навіть почали з нетерпінням чекати.

Ще дідусь чудово готував. Вся родина у свята чекала від нього шашликів і копченої риби. А я обожнювала, коли на сніданок він мені готував сосиски. Мама з татом рідко їх купували; вони вважали, що сосиски не дуже корисні. Тому, коли я гостювала у дідуся з бабусею, то просто любила прокидатися під аромат смажених сосисок. На Коста-Риці дідусь не готував, бо довкола було багато ресторанів. Найдовші черги були в італійський ресторан. Дідусь просто ненавидів довгі черги і часто повторював: «Бачиш черги — біжи! Негоже дідусям нудьгувати в чергах на відпочинку»! А от у японський ресторан можна було завжди легко попасти. Ми всі троє дуже любили японську кухню. Тому ми щодня із задоволенням ходили до японського ресторану.

Ще на Коста-Риці ми щодня вирушали на океан — плавати. Кілька разів ми пірнали з маскою та роздивлялись підводних мешканців. Це була одна з найвеселіших подорожей. Коли ми повернулися назад додому, наступного ранку мене розбудив аромат улюблених смажених сосисок. «Я думаю, ми всі сумували за сосисками!» — сказала я. «Та й сосиски за нами сумували», — заявив дідусь.

1.   Про що йдеться у тексті?

   •   У цьому тексті розповідається про сімейні свята.
   •   У цьому тексті розповідається про дідуся.

2.   Хто гучно ревів у готелі?

- павукоподібні мавпочки
- динозавр

3.   Чому на Коста-Риці оповідачка разом із бабусею та дідусем увесь час ходили до японського ресторану?
- Тому що вони любили японську кухню, і в цей ресторан не було черг.
- Тому що там подавали сосиски.

4.   Що мав на увазі дідусь, коли сказав, що сосиски за ними сумували?

- Він так пожартував.
- Він був голодний.

5.   Яким словом можна замінити слово «регіт» у реченні «Він так заразливо сміявся, що я сама починала заливатись **реготом**»?

- сміх
- рев

6.   Який варіант **протилежний** за значенням до слова «**ненавидів**» у реченні «Дідусь просто **ненавидів** довгі черги і часто повторював: «Бачиш черги — біжи! Негоже дідусям нудьгувати в чергах на відпочинку»?

- уникав
- обожнював

7.   Вставте пропущені слова.

пронизливого   знаменитий   здогадалась

- • Єгипет ________ на весь світ своїми пірамідами.
- • Я перша ________, що собака зовсім не втік, а застряг на горищі.
- • Від ________ гавкоту собаки всі прокинулись.